AF226496

ESSAI

SUR

ÉTIENNE PASQUIER

CONSEILLER ET AVOCAT GÉNÉRAL DU ROY EN LA CHAMBRE

DES COMPTES DE PARIS

ET SES LETTRES.

par Ed. FRÉMY.

Rari sunt boni; numero vix sunt totidem quot·
Thebarum portæ vel divitis ostia Nili.

JUVÉNAL.

MESSIEURS,

Le spectacle de la faillibilité humaine dans les grands
hommes est une des plus sévères leçons, comme un des
plus durs enseignements de l'histoire. — Que de fois
n'est-ce pas, en feuilletant ces pages qui disent le passé,
votre esprit s'est attaché avec ardeur (pourquoi ne
pas dire avec amour) à épier le long des voies qu'elle
avait foulées, une de ces figures historiques de qui la
vie suffit encore à nous séduire à travers tant de géné-
rations disparues! Vous suiviez alors ses gestes avec un
intérêt croissant et fébrile; votre cœur battait plus vite
au récit de ses nobles actions qui ravissent l'admiration, et vous alliez, pleins d'enthousiasme proclamer
cet homme un héros, quand tout à coup au revers d'un
feuillet, un alinéa, une ligne vous a fait froncer le sour-

cil et le livre vous est tombé des mains. . . . . Ah! Messieurs, c'est que vous aviez découvert une tache qui vous montrait vil et rampant celui qui tout à l'heure vous apparaissait pur et sans reproche. Et vous vous êtes souvenus avec amertume de ce cri de l'antiquité éperdue à l'avenir : « J'ai cherché un homme et n'en ai point trouvé !»

Que de fois l'apparition d'un document inédit, ou même le simple choc dans notre esprit de deux idées qui ne s'y étaient point encore heurtées nous ont révélé de dures vérités en effeuillant nos illusions les mieux aimées! Les caractères qui résistent à l'examen minutieux et impartial sont si rares qu'on les compterait si l'on ne craignait pas d'humilier trop le genre humain.

Etienne Pasquier, Messieurs, est un des hommes qui me semblent les plus propres à servir d'exemple et de modèle à qui veut devenir grand et le paraître à la postérité.

Comme tout homme il eut des passions; mais il sut les appliquer au bien et les employer à flétrir le mal. Dans sa vie point de contradictions, point de ces variations qui font détourner la tête de dégoût ou de pitié. Il passa sa vie à défendre les mêmes idées, les mêmes convictions, et la mort le trouva prêt à signer sans défaillance toutes les pages de sa vie. Tel était, Messieurs, cet Etienne Pasquier tant de fois cité comme magistrat, comme prosateur français et comme poëte latin, et dont je veux vous entretenir seulement au point de vue de sa correspondance publiée pour la première fois en 1580.

La forme épistolaire avait été mise à la mode au seizième siècle par Ange Politien, Erasme et Budé. Mais ces écrivains érudits, enfants de la Renaissance, s'étaient naturellement servis de la langue universelle des lettres, cette langue latine qu'ils avaient tant appris et enseigné à admirer.

Pasquier, qui lui-même la maniait si bien en prose et en vers, fut le premier esprit que frappa l'injustice qu'on faisait à notre idiome national en le reléguant dans les hameaux ou les campagnes, et en le bannissant avec tant de rigorisme des colléges et des académies où s'enseignait l'art de bien dire. Il avait l'intime conviction que cette langue délaissée valait bien l'autre, et soutint cette opinion pendant toute sa vie et dans tous ses ouvrages. Il était à la fois antiquaire et érudit ; c'est à ces deux titres qu'il se proclama le champion de la langue française, et mérita par le remarquable et curieux ouvrage qu'il intitula *Recherches de la France* le titre glorieux de père de l'archéologie. L'œuvre de Rabelais l'avait séduit par ce côté original et primesautier qui lui est tout propre. Ces vieux dictons, ces antiques coutumes narrées avec ce tour narquois et bonhomme à la fois, ces allégories mystérieuses, cette forme de langage qui semble ignorer la contrainte et la gêne avaient confirmé le savant magistrat dans ses sympathies gauloises Il résolut dès lors, à force de recherches et d'érudition, de faire aimer même des plus rebelles cette vieille France et ses franches allures.

L'admiration que Pasquier, le magistrat intègre et révéré et le chrétien fervent, portait à Rabelais dont le rire sardonique et cynique foule aux pieds toutes les convenances et ne respecte pas même les choses les plus saintes, peut à bon droit étonner au premier abord. Mais quand on pense que la langue n'était pas encore châtiée, que les femmes les plus sévères faisaient leur lecture habituelle de Boccace et de Dante, plus tard de

Brantôme et s'en vantaient au besoin, on sent bien la
différence de ce temps et du nôtre. Qui faisait bien rire
alors était pardonné d'avance quoi qu'il fît et quoi qu'il
dît. A côté de ce qui nous répugne dans l'œuvre éton-
nante de Rabelais, on y trouve une allure de franchise
et de loyauté, une simplicité, enfin une érudition immense qui nous fascinent. C'est là le charme qui avait
séduit dans Pasquier l'artiste et l'antiquaire: « Il n'y a
celui de nous, dit-il, qui ne sache combien le docte Rabelais en folastrant sagement sur son Gargantua et Pantagruel gagna de grâce parmy le peuple. »

Il est une règle qui malheureusement souffre bien
peu d'exceptions dans toutes les histoires, c'est que le
sentiment à la fois poétique et archéologique ne naît
jamais qu'alors que les richesses dont on veut réunir
les derniers vestiges, que les beautés qu'on chante, ont
en partie disparu. C'est la règle générale qui régit les
hommes et les choses. Quel est le grand homme auquel
il a été rendu justice avant sa mort? On les compterait.
Chateaubriand chantait la gloire de Dieu debout sur
les ruines de tous les temples alors que la foi que re-
grettait son génie semblait à jamais bannie de la patrie.
Nos musées qui réunissent les débris des merveilles
dont la France avait été comblée dans tous les genres,
tristes preuves à la fois du génie et du vandalisme d'autres temps, sont encore un argument éloquent à l'appui
de ce principe. Hé bien ! les tendances de Pasquier y for-
ment une heureuse exception. Né et vivant dans une
époque d'originalité et de création, il sut, presque le
seul de son temps, se rendre compte du prix qu'aurait
pour l'avenir l'intégrité de la langue française. Il trem-
blait à chaque essai tenté successivement par tant d'esprits graves et doctes (entre autres par Ramus), de

prétendues régénérations de cet idiome par des incorporations étrangères (grecques ou latines) qui en feraient une langue neuve sans souvenirs et sans archives, sans chroniques et sans annales, comme ces villes écloses d'hier au nouveau monde qui font pitié à force de jeunesse! Cette langue qu'il connaissait si bien lui apparaissait, élégante, ornée de toutes ses richesses archaïques et originales, tels que ces vieux bahuts du temps, incrustés de pierres fines, enrichis d'émaux diaprés et de majoliques chatoyantes qui révèlent et ressuscitent tout un passé étincelant de goûts artistiques à nos yeux éblouis. Il s'était fait dans sa pensée, alors qu'on ne lisait que des auteurs grecs ou latins, un écrin composé des plus belles perles de nos vieux poëtes, et il savourait ce trésor avec délices.

Jeté par Dieu entre le XVIe et XVIIe siècle, guidé par ses goûts et ses regrets, Pasquier s'était retourné vers le XVIe et ne l'avait plus quitté. Animé par ce sentiment si fin, devançant son siècle et celui qui le devait suivre, et animé par son amour pour la patrie, il s'est acquis un incontestable titre à notre reconnaissance et à nos sympathies.

Ses *Lettres* sont celui de ses ouvrages qui donne de lui l'idée la plus juste et la plus complète. Il nous y montre toutes ses qualités d'homme et d'écrivain, d'ami et de magistrat.

Dans son petit et modeste logis de la sombre rue Saint-Séverin, atteinte à demi par des démolitions récentes, loin du bruit de la ville profane, dans l'enceinte de l'Université, il se trouvait proche de tous ceux qu'il cultivait et tranquille pour s'adonner à ses travaux. C'est là qu'il composait ses lettres adressées à ses amis. Leur forme est familière et abandonnée sans jamais tomber dans le vulgaire. A la fin de chacune il termine par ces mots *à Dieu*, changeant ainsi la formule latine de la séparation employée par tous les auteurs épistolaires *Ave*, et inaugurant cette locution qui n'était encore que verbale, et qui resta si généralement employée depuis lui jusqu'à nos jours. Dans sa première lettre il s'excuse de cette innovation, en la qualifiant de : « chose qui ne plaira pas de prime face au peuple comme nouvelle et inaccoutumée entre nous. »

Dans sa lettre en forme de préambule, adressée à Loisel, son fervent admirateur et son plus intime ami, il regrette presque cette publication, craignant de ne pas la trouver digne du grand jour ; « mais, ajoute-t-il, puisqu'une fois j'ai passé les bornes de la honte, rougisse pour moi qui voudra ; » et il confie son œuvre au public. Elle est empreinte au plus haut degré du signe du temps, de ce désordre artistique qui entasse pêlemêle et sans aucune symétrie toutes les richesses fruit des veilles et des labeurs d'une vie. Naïvetés précieuses qui prennent une époque sur le fait, érudition profonde et anecdotique, causeries et réflexions de l'auteur, tout est là pour qui veut lire et chercher. Quand on s'est habitué à cette exubérance et à cet étrange assemblage de pièces distinctes et diverses, si fort dans le goût du temps, on y trouve un charme extrême, on se sent séduit par ces œuvres fantaisistes, et par la bizarrerie même qui a réuni leurs feuillets. Dans Montaigne, l'ami de Pasquier, dans Rabelais comme dans Erasme, dans de Thou et dans Villeroy, la diversité des sujets nous doit être aussi précieuse qu'intéressante, et l'on finit même par s'habituer à cette manie d'alors de vouloir toujours, quand même, se comparer à l'antiquité. La Grèce, Rome et leurs grands hommes, travestis à la gauloise par la Renaissance, nous apparaissent sous un jour nouveau et piquant. Sous la chlamide et le péplum factices, on sent le pourpoint et le haut-de-chausses. C'est ainsi que, rajeunissant l'antiquité, les Jean Goujon et les Germain Pilon faisaient éclore sous les voûtes de nos palais et sous le cristal de nos fontaines ces délicates nymphes et ces belles Dianes qui portaient à la main les attributs des déités de l'Olympe, aux lèvres le sourire sardonique à la Léonard de Vinci, et au front la ferronnière de la grande sénéchale favorite du roi Henri. Nous avons vu dans l'enfance de ce siècle un pâle reflet de la Renaissance dans la récente recrudescence néo-grecque qui aurait pu produire de grandes œuvres, mais qui, faute sans doute d'assez forts génies pour l'exploiter, passa en ne nous laissant que quelques tragédies de vogue et d'actualité et quelques œuvres de second ordre qu'on ne peut comparer aux chefs-d'œuvre du xvie siècle. Ce souvenir peut néanmoins servir à nous faire sentir l'ombre de l'entraînement irrésistible du grand mouvement classique guidé par d'aussi puissants esprits que ceux d'alors.

Pour apprécier une époque et la bien comprendre, de même que pour juger un homme, il est nécessaire d'entrer autant que possible dans ses goûts, dans ses usages, dans ses mœurs. Or les hommes du xvie siècle étaient taillés de toutes pièces pour comprendre l'antiquité et ses génies. Ils joignaient la grâce exquise de la Grèce à la rudesse de Rome en sa période héroïque et guerrière ; ils avaient en plus et en propre cette délicieuse bonhomie qui plane sur ces temps si durs à vivre comme une douce et bienfaisante influence.

La jeunesse d'Étienne Pasquier s'écoula à Paris, dans

le sein de cette Université qui groupait autour de ses professeurs, les plus érudits du monde, une foule d'écoliers animée d'une fiévreuse ardeur de s'instruire. Sa grande intelligence fut illuminée par un rayon de la clarté qui luisait pour tous. Aux bruits des tournois et des fanfares guerrières du règne brillant du dernier des rois-chevaliers avait succédé l'éloquent murmure qui s'élevait de toutes les chaires de littérature et de philosophie du royaume régénéré, répandant à flots les lumières et l'érudition acquises des professeurs sur tous les esprits. La jeunesse trouvait alors dans ces études fortes et rudes le même plaisir que depuis on la vit trop souvent prendre à des distractions frivoles, ainsi que Pasquier lui-même le déplore amèrement. Poussé vers le barreau par tous ses goûts, il partit pour Toulouse afin de s'y former aux leçons du grand Cujas; il compléta ses études de jurisprudence par un voyage en Italie où il entendit Alciat, à Pavie, et Socin, à Bologne. L'Italie et la France rivalisaient en ce siècle de grands jurisconsultes, et offraient au monde des modèles qui n'ont jamais été égalés.

Les débuts de Pasquier au barreau de Paris furent brillants et montrèrent tout de suite ce qu'on pouvait attendre de lui. En 1557, une jeune veuve belle, riche et reconnaissante d'une éloquente défense, lui offrit sa fortune et sa main. Il écrivit l'année suivante à un de ses amis, M. de Tiberménil afin de lui annoncer la naissance de son premier né, Théodore, une lettre toute gracieuse qui commence par cette citation: *« Puer nobis natus est, »* et dans laquelle il se réjouit d'avoir un fils éclos « à ce doux air de Paris auquel abondent toutes sortes de philosophes. » Il décrit à son ami ses angoisses avant la naissance et ses folles joies auprès du berceau de l'héritier bien-aimé, et termine en disant : «Voilà comment j'ai commencé à doreloter mon enfant, vous priant rire de cecy, mais non de moi. . . . autrement si prétendiez en faire votre profit par forme de risée contre moy, j'en appellerois de vous comme de juge incompétent à cet ancien roy de Sparte, Agésilas, jusqu'à ce que vous jouissiez du privilége des pères.» Voilà l'homme et le cœur qui se révèlent dans le savant magistrat. Très-jeune encore, alors que son talent brillait dans toute sa force, un accident le frappa d'une maladie cruelle qui le condamna à l'isolement et à l'oubli. On lui ordonna de voyager, il partit pour Amboise dans les terres de sa femme. A peine est-il arrivé dans les murs de la ville où se trouvait alors la Cour, qu'éclate la sanglante répression de la formidable conjuration des princes huguenots. Les têtes des complices de Condé roulent de tous côtés. On ne voit que potences, haches rougies, estrapades et bûchers. Catherine et les Guise lassés s'étaient décidés à sévir contre les révoltés. Le sang coulait à flot dans la ville terrifiée. Aux noires murailles du château, à ses grilles et à ses poternes pendaient des dépouilles humaines ; les vieillards se croyaient transportés de nouveau au temps où le roi Louis XI avait épouvanté les campagnes prochaines. Quittant ces scènes lamentables, Pasquier revint à Paris, et sa santé lui permettant de reprendre ses travaux, il commença une nouvelle période de sa vie, à la fois politique et littéraire. Quand l'austère connétable de Montmorency fut envoyé à la Bastille par Charles IX, et qu'il s'agit de lui trouver un défenseur, tous reculaient devant cette périlleuse tâche. Pasquier l'accepta et sauva le vieux guerrier par son courage et son talent. Il avait pris à Paris une attitude des mieux posées depuis que **les Guise** l'avaient choisi pour conseil. Les grandes causes lui vinrent en foule. Quand l'Université, jalouse de ses priviléges, refusa d'ouvrir ses murailles aux Jésuites qui frappaient à ses portes, elle vint supplier Pasquier, un de ses anciens disciples, de défendre ses intérêts. La tâche n'était pas sans péril, car Catherine et les Guise protégeaient les Jésuites. Pasquier s'en acquitta avec éloquence ; et si dans cette affaire qui illustra son talent, il montra une violence exagérée, un emportement peu digne et souvent inutile, toute la faute en est à ce temps qui voyait les étudiants se passionner, se battre même et se tuer pour et contre Aristote. Pendant les Grands Jours de 1583 son esprit original et indépendant qu'il savait rendre à tour de rôle grandiose ou sémillant fit connaître son nom à toute la France. Rentré à Paris sous Henri III, dans cette atmosphère fiévreuse et fantasque où de grands vices et de grandes vertus marchaient de pair, où la politique, les plaisirs et les arts couverts d'une sorte de voile mystérieux rappelaient Rome sous Domitien ou sous les Borgia, Pasquier grandit encore. Et pourtant son rôle était bien ardu et bien périlleux. Le roi, qui l'avait su distinguer depuis longtemps, le combla de ses dangereuses faveurs, et lui conféra l'éminente charge d'avocat général en la Chambre des comptes de Paris. Il succédait à cette majestueuse suite d'illustres magistrats dont la branche des Valois avait toujours eu le soin et le tact de s'entourer. Auprès des noms des Olivier, des L'Hospital, des Duranti, des Harlay, le nom de Pasquier n'était pas déplacé. Il s'attacha dès lors à concilier son profond respect pour le roi, représentant du principe hiérarchique et monarchique, et l'indépendance qu'il considérait comme un droit et comme un devoir. Sérieusement convaincu de l'excel-

lence du dogme catholique, sachant distinguer la vérité
des abus amenés par des circonstances déplorables, il
ne combattit dans la Ligue que la révolte au principe
de l'autorité légitime et de l'ordre établi.

Il écrit à ce sujet cette belle page au président Brulart : « A peine m'étois-je retiré de la ville en ma maison d'Argenteuil pour me réconcilier, par quelques
jours avec mes livres et mes meilleures pensées, quand
j'ai reçu un paquet de vous accompagné de deux dis-
cours composés de mains partiales selon les passions
particulières de ceux qui les font courir... Je vois une
étrange et horrible tragédie que l'on veut représenter
sur le théâtre de la France... En ce Mystère, vous trou-
verez que les princes et les grands seigneurs joueront
diversement leurs roolles, les uns sous le nom de la sainte
Ligue, les autres sous celui de la Religion. Et tout le
pauvre peuple de France servira de chœur pour déplo-
rer son malheur et tout d'une suite pronostiquer la
subversion de l'État. » Quel sombre et effroyable tableau
que cette symphonie pathétique qui figure la ruine de la
France ! Les voix hautaines de l'ambition et de la cupi-
dité chantent leur thème éternel et égoïste pendant que
le chœur des malheureux sur cette terre de France ra-
vagée et ensanglantée entonne, la croix en main, le canti-
que des cantiques, celui de la douleur et de l'espérance.
Pasquier avait bien compris la Ligue. Affaire de pure ambition pour quelques princes, elle était devenue pour le
peuple qui était de bonne foi, une affaire de cœur, un premier élan vers la liberté. Un homme unique s'était trouvé
là pour guider ce peuple et le faire marcher à son gré,
Henri de Guise, qui sut passionner pour lui toute une
nation, à tel point que, comme Pierre Versoris, plusieurs Français moururent en apprenant la nouvelle de

sa mort. Pasquier fait encore cette réflexion en signalant à Brulart que le plus grand danger de la Ligue était l'Espagne : « Et ce qui est un point que je trouve plus à craindre, en telle affaire, c'est que, combien que les étrangers, sur leur premier abord, facent semblant de favoriser celui pour lequel ils sont appelés, toutefois il se trouve ordinairement par la clôture du compte, qu'ils emportent tout ce qui étoit demeuré du reliquat de telles séditions. » Il était impossible de mieux prévoir l'avenir ; en effet, si Henri IV ne fût pas accouru à temps, l'Espagne nous aurait montré ce qu'elle comptait faire de la France.

Quand Henri III, mal conseillé par cette vermine de gens qui, dit-il, perdent les cours en flattant les rois, voulut augmenter le nombre des charges de judicature et rendre vénales et héréditaires comme elles toutes les charges civiles et militaires, sa voix s'éleva dans la Chambre des comptes, sévère et inexorable, pour blâmer ces mesures fâcheuses. Dans ces temps de foi et de guerre, on avait le courage de paraître ce qu'on était, et malgré le pouvoir absolu et indiscuté du souverain, tout acte purement arbitraire, qui n'avait pas pour base une idée d'équité ou de progrès, trouvait sous les voûtes du Palais et sous celles de la Sorbonne une grande voix pour le repousser et de grands cœurs pour le combattre.

Vers la fin du xve siècle, une certaine classe s'était formée à Paris, dont depuis les destinées ne devaient faire que croître et prospérer. La noblesse, encore enivrée de ses vieilles traditions d'épée, dédaignait souvent les lettres et les sciences. Çà et là quelques mémorables princesses, tourmentées jusque dans l'ombre de leur palais par le désir de savoir, donnaient au monde un illustre et glorieux exemple. Mais elles restaient des exceptions ; à côté du clergé, gardien traditionnel et immuable, de qui nous tenons tous les trésors littéraires qui nous ont été légués par les civilisations évanouies, se formait cette Bourgeoisie parisienne qui devait donner à la France tant de gloires éclatantes et tant de vertus ignorées. Paris avait vu s'élargir d'année en année ce cercle d'hommes érudits aux mœurs calmes, sereines et originales qui aimaient le beau pour le beau et la science pour la science, sans arrière-pensée de richesse ni même de gloire. Refugiés dans les murailles hospitalières de l'Université, loin des palais et des fêtes, ils se reposaient de leurs veilles avec des distractions d'enfant. Rabelais avait d'une main de maître crayonné ce type tout gaulois dans les pages empreintes de cœur et de poésie à sa manière, où il vous dépeint Pantagruel et son ami Panurge promenant leur gaieté savante et bouffonne dans les faubourgs de la grande ville ou dans les bois des hameaux d'alentour, la dive bouteille dans l'escarcelle.

La célèbre fondation de François Ier, le collége de France, n'avait pas peu contribué à resserrer les liens de la Bourgeoisie lettrée, et le roi lui-même, en y choisissant ses lecteurs et en s'entourant de savants, l'avait sacrée. A côté de la cour de droit, qui siégeait au Louvre, s'organisait donc cette cour de fait dont l'esprit était le roi. Elle se composait de magistrats, de penseurs et de poëtes, d'avocats au Parlement et de maîtres des requêtes ; voilà le milieu de Pasquier. Là s'étaient conservées et se gardaient avec un soin jaloux les vieilles manières et l'esprit français. Là on savait encore penser et rire, tandis qu'enivrée par des vapeurs méphitiques et empoisonnées venues d'Italie avec la reine Catherine, la cour se tordait dans des convulsions maniaques et sanglantes.

Le style des lettres de Pasquier est très-remarquable ; il est empreint de son érudition immense et facile, et de la mansuétude de sa vie. On n'y trouve plus ces longueurs, ces dissertations interminables et souvent interminées, dont les écrivains du commencement du siècle croyaient devoir charger leur ouvrage, quelque sujet qu'ils traitassent. La langue se débarrasse des langes de l'enfance, et s'épanouit dans toute sa grâce ; la phrase prend un tour vif et dégagé, très-propre au genre épistolaire, et qui prédit Sévigné. On sent le xviie siècle sous le xvie comme la feuille sous le bourgeon de séve. On y trouve des traits fréquents et qui frappent ; il ne fait de citations que pour arriver à expliquer des étymologies curieuses. L'un des premiers, il a deviné l'ennui, l'a défini et l'a évité. Que de gens, de nos jours même, sont en retard sur lui sous ce rapport ! Il ne se laisse gêner par aucune forme importune et vulgaire. L'habitude des recherches l'a délivré de l'imitation ; il est toujours original, toujours lui-même. Son laisser-aller est souvent du plus élégant effet ; il trouve d'instinct ce que Mme de Sévigné trouvera à force de finesse féminine et de génie littéraire. On goûte chez lui cette sincérité qui est le signe du vrai talent. Ses lettres à la dame de Ferrières sont des modèles de galanterie. On remarque cette phrase : « Et puis dites que notre siècle ne produit point de philosophes, puisque les femmes le sont?» Blâmant cette manie qui prend trop souvent à la France de se vouloir comparer aux républiques antiques et particulièrement à Rome il dit dans une lettre au président Brisson : «Il est désormais temps qu'ostions cette folle appréhension qui occupe nos esprits, par laquelle mettant sous pieds ce qui est du vray et naïf droit de la France, nous réduisons tous nos jugements aux juge-

ents des Romains ; ne nous advisans pas que tout ainsi
ue Dieu nous voulut séparer de l'Italie par un jet de hau-
s montagnes, aussi nous sépara-t-il presque en toutes
oses, de mœurs, de loix, de nature et complexions. »
ette manie de faire du vieux neuf en littérature et en
olitique devait devenir une folie au xviiie siècle. Pas-
uier avait le don de sentir tous les côtés faibles de son
mps. Dans une lettre à M. de Fonsomme, Pasquier nous
ace un éloquent tableau : il peint la duchesse de Guise
ntourée de ses enfants, vêtue de noir venant se jeter aux
ieds du roi, et criant justice contre Coligny, « qu'elle
isait, ajoute Pasquier, avoir été l'auteur de cette prodi-
oire mort. » Elle présenta aussi une requête au Parlement tendant à tirer vengeance de l'assassin du vainqueur
e Dreux et de Calais, et de ceux qui avaient armé son
ras. Pasquier, contemporain du fait, termine par cette
errible phrase : « M. l'admiral a envoyé un manifeste en
our, par lequel il n'advoue pas franchement avoir con-
enti à cette mort ; mais aussi s'en défend-il si froide-
ment que tous ceux qui lui veulent du bien souhaite-
aient ou que du tout il se fust tû, ou qu'il se fust mieux
léfendu. De lui faire son procès, le rang qu'il tient au-
ourd'hui, et l'édict semblent y résister ; de passer aussi
es choses par connivence, il semble que le rang et les
mérites du défunt l'empêchent. Aussi n'en sera-t-il pour
ette heure autre chose, *parce que le temps n'est disposé
à en avoir réparation.* »

Ce passage, écrit par un homme qui déclare con-
stamment que c'est par la persuasion et la charité qu'il
faut ramener les dissidents et non par le tranchant de
l'épée, ce passage est une accablante accusation. Et
quand Henri de Guise, dans un des épisodes de la nuit
sanglante, donnera au corps de Coligny le coup de

pied qui lui a été tant reproché par tant de génération
il ne fera qu'accomplir le serment juré à sa mère malg
le vœu de son père qui en mourant avait supplié de r
pas rechercher le meurtrier. Lors de la mort de Cond
Pasquier seul, peut-être en France, avait prévu l'ascer
dant formidable que Coligny prendrait un jour. Il écr
ceci à M. de Querquisinen : « Les nouvelles sont ar
rivées en cette ville de la mort de M. le prince ; chacu
s'en esjouit depuis le plus grand jusqu'au plus peti
Moi seul, au milieu de ceste joie publique, je ne m'
puis résoudre. Je suis donc devenu *huguenot* depui
que vous ne m'avez vu ? Dieu m'envoie plutôt la mort
Le métier n'en vaut rien ni pour celui qui l'exerce, n
pour celui contre lequel il est exercé. Il ne nous a ap
porté que la ruine générale et universelle de notr
Estat !... Mais M. le prince était par aventure une espin
au pied de l'admiral, qui l'empêchait le plus du temp
d'aller où il destinait. Laquelle lui estant maintenan
ostée, il usera désormais de ses conseils absolument, sou
le nom des jeunes princes qui, pour l'impuissance d
leur âge, ne le pourront contrôler. »

Voilà la Saint-Barthélemy prophétisée. Charles IX
pour rester le maître, fit tuer Coligny. Plus tard, so
frère Henri, dans le même but, fit assassiner Guise
Ces deux chefs des grandes factions qui divisaient l
France, qui tous deux avaient voulu et espéré régente
la maison de Valois, devaient trouver par elle la même
fin et le même sort.

Les plus graves considérations politiques, dans le
lettres de Pasquier coudoient les pensées les plus humble
et les plus intimes. Il apporte dans ces deux genres so
esprit et son jugement si pénétrant. « La littérature, écrit-
il à M. Tibermenil, n'est pas comme la tyrannie ; ceste-

y n'endure point de compagnon, celle-là s'en fortifie
ourvu qu'elle ne soit point questuaire. » Il avait suivi le
oi à Blois ; là, dans ce château sinistre, il se lia intime-
 nent avec Montaigne, et souvent leurs entretiens trom-
aient les langueurs de cette vie d'exil et d'alarmes.
près le massacre des Guise, bien qu'atterré et tremblant
les suites que devaient amener un pareil forfait, il suivit
e roi à Tours.

Lorsqu'enfin le roi Henri III, dernier rejeton de la
ace de Valois, revit son cousin Henri de Navarre qui
oute sa vie avait professé des principes si opposés aux
iens, et qu'oubliant toutes les haines et toutes les riva-
és qui viennent toujours (la plupart du temps contre
leurs intérêts) séparer la branche régnante et la branche
cadette, les rois se jetèrent dans les bras l'un de l'autre,
Pasquier et Montaigne, animés de la même inspiration,
saluèrent avec émotion dans Henri IV le sauveur de la
France, qui avait bien gagné son repos. Ces deux
hommes, qui s'étaient rencontrés et compris dans ces
années de torpeur et d'agonie, où la France, déchirée par
les factions, menacée par l'Espagne, ébranlée dans sa
foi religieuse et politique, semblait approcher d'une
crise mortelle, ces hommes, dis-je, offraient entre eux
plusieurs points de ressemblance. Montaigne, philosophe
avant tout, s'était fait une langue à lui pour exprimer
ses théories, et cette langue forte, nerveuse et flam-
boyante, avait fait de ses *Essais* un chef-d'œuvre littéraire.
Pasquier, lui, était littérateur dans l'âme, il écrivait
pour écrire, comme Jean Goujon sculptait par amour.
Et il s'est trouvé que ses lettres, qui nous peignent si
bien l'homme et son temps, resteront comme un de nos
plus curieux monuments, et que ses *Recherches* ont, par
un trait de génie, enfanté une science nouvelle, l'archéo-

logie destinée à nous rappeler que le premier point pour apprendre est de ne pas oublier. Les styles de Montaigne et de Pasquier portent tous deux un singulier cachet de séve et d'originalité ; mais on voit que les vieux dictons et les archaïsmes du maire de Bordeaux lui échappent et coulent de source, servant à souligner chaque pensée d'un trait de lumière Chez Pasquier on sent l'artiste et l'antiquaire sous l'écrivain ; on voit qu'il orne son style avec amour de ses richesses philologiques, qu'il avait passé toute sa vie à classer amoureusement et à faire apprécier de son temps. Les boutades de Montaigne et les finesses de Pasquier peuvent être opposées aussi bien que le scepticisme et l'indifférentisme éclectique de l'un à la foi sincère et rigoriste de l'autre.

On reconnaît entre eux cette différence indéfinissable qu'on retrouve à tous les âges, entre : *Eschyle et Sophocle, Virgile et Horace, Corneille et Racine, Bossuet et Fénelon*, de nos jours même entre MM *Hugo et de Lamartine*, car il est fatal que toute œuvre, que tout livre, excepté, le Livre-Prince, l'Ecriture, doive ici-bas trouver son pendant naturel. C'est peut-être une loi divine destinée à rappeler à l'homme de génie lui-même ses bornes et son imperfection en lui montrant dans une autre œuvre qui le complète des dons et des grâces qui lui furent étrangers.

Quoi qu'il en soit, ces deux génies frères dérivent de cette suite de grands esprits qui portent la couleur nationale et gauloise, celle de Vercingétorix et non pas celle de César, celle de la patrie et non pas celle de l'étranger. Ils marchaient dans les rangs de cette illustre pléiade originale et coloriste, inaugurée et fermée avec une égale gloire par Rabelais et par la Fontaine. Pasquier, lui, ne rougit pas de nous montrer dans ses œuvres

on cœur marchant de pair avec son esprit. Tandis que
Montaigne, plus taillé à l'antique, nous le laisse le plus
souvent deviner dans ses *Essais* qu'il ne le montre, et il
faut avoir lu son chapitre de l'*Amitié*, où son affection
ardente lui inspire en pensant à la Boétie des accents si
vrais et si touchants, pour se persuader qu'en sa vie il
eût pu aimer. Montaigne mourut sous Henri IV, en 1692.
Pasquier, lui, après avoir assisté aux luttes sanglantes
des règnes des quatre derniers Valois, vit sous Henri IV
ses vieux ans comblés d'honneurs et de respects. Comme
la vieille bannière bénie de la grande libératrice de la
France, Jeanne d'Arc, « il était juste qu'après avoir été
à la peine il fût à l'honneur. » Après une vieillesse se-
reine et pleine de quiétude, entouré de ses enfants et
de ses amis, dans sa petite maison ignorée du vulgaire
et dont les amis du beau et du bien savaient seuls le che-
min, ce patriarche des lettres passa de la vie à la mort.
On le trouva un matin froid dans son lit : la veille,
réconforté par toutes les consolations de sa foi et de sa
conscience, il crayonnait encore des vers.

Il s'était lui-même fermé les yeux, voulant jusque
dans la mort conserver la dignité et la fermeté du magistrat.

Les hommes de ces temps-là, quels qu'ils fussent, savaient tous mourir; la vie était si dure à vivre qu'on s'en
détachait sans peine, las qu'on était d'elle comme d'un
fardeau.

La France ne vit jamais une gloire plus pure unie à
une âme plus loyale. Dans cette longue vie qui va de
François 1er à Louis XIII, on chercherait en vain une
contradiction, une tache quelconque, si légère qu'elle
soit; chaque page de cette existence offre un exemple
à suivre, une vertu à imiter.

Parfois, Messieurs, sur les rives de ces longues vo[?]
tumulaires de l'histoire qui mènent du passé à l'aver[?]
nos yeux émus et voilés de larmes déchiffrent des é[?]
taphes rongées à demi par la dent des siècles qui n[?]
révèlent tantôt un grand génie, tantôt une grande ver[?]

Mais quand nous trouvons ce génie et cette ve[?]
pleurant sur cette même tombe, ô Messieurs. arrêto[?]
nous devant elle, et saluons avec admiration la [?]
pouillé du sage qui gît là, sous cette pierre délais[?]
dans le repos et l'oubli!

<hr>

Paris. — Imp. de E. DONNAUD, rue Cassette, 9.

www.ingramcontent.com/pod-product-compliance
Lightning Source LLC
Chambersburg PA
CBHW061608050726

47595CB00007B/2835